Enrico Palumbo

Italien 3 x Täglich

Einfache Anregungen für mehr italienisches
Lebensgefühl im Alltag

Edition Liguria

Das Buch

Italien ist mehr als ein Reiseziel – es ist ein Lebensgefühl. *Italien 3 x Täglich* lädt Sie ein, kleine Rituale, kulinarische Freuden und kulturelle Eigenheiten Italiens in Ihren Alltag zu integrieren. Ganz ohne Kofferpacken – dafür mit Espresso, Oper, Mosaik, Marktbesuch oder einem Spritzer Italicus.

21 Kapitel bieten praktische Anregungen, überraschende Einblicke und liebevoll recherchierte Details aus dem italienischen Alltag. Für alle, die Italien nicht nur im Urlaub genießen, sondern das mediterrane Lebensgefühl Tag für Tag neu entdecken möchten. Mit QR-Codes zu weiterführenden Tipps, Zitaten, Rezepten – und einem Augenzwinkern.

Der Autor

Enrico Palumbo, 1972 in Karlsruhe geboren, hat in München und Venedig studiert. Bevor er in die Wirtschaft wechselte, war er als Journalist für deutsche und italienische Nachrichtenagenturen und Medien tätig. Nach beruflichen Stationen, u.a. in Prag, Mailand und Zürich, lebt er seit 2019 wieder in der Nähe von Karlsruhe.

Enrico Palumbo

ITALIEN

3 x TÄGLICH

Einfache Anregungen für mehr italienisches
Lebensgefühl im Alltag

Bibliografische Information der Deutschen Nationalbibliothek:
Die Deutsche Nationalbibliothek verzeichnet diese Publikation
in der Deutschen Nationalbibliografie; detaillierte
bibliografische Daten sind im Internet über http://dnb.dnb.de
abrufbar.

Verlag: BoD · Books on Demand GmbH, Überseering 33,
22297 Hamburg, bod@bod.de

Covergrafik: Sue Pfleger
Druck: Libri Plureos GmbH, Friedensallee 273, 22763
Hamburg

ISBN: 978-3-8192-3079-0

Inhaltsverzeichnis

Vorwort

Alles fließt hier zusammen: über 50 Jahre als (Halb-)Italiener in Deutschland, über zwei Jahre als (Halb-)Deutscher in Mailand sowie zahlreiche Reisen in verschiedene Regionen Italiens. Sohn elner deutschen Mutter und eines italienischen Vaters, aufgewachsen in Deutschland.

Ich habe Italien als Stipendiat der Schwarzkopf-Stiftung *Junges Europa* bereist, einen Sommer in Venedig studiert und in Palermo für meine Abschlussarbeit recherchiert. Ich durfte Italien aus der Perspektive eines dpa-Journalisten in Rom erleben und Deutschland aus der Sicht eines Korrespondenten der *Agenzia Nazionale Stampa Associata* (ANSA) in Berlin kennenlernen.

Trotz politischer, wirtschaftlicher und gesellschaftlicher Krisen bleibt Italien – besonders für jene, die nicht dort leben – ein Sehnsuchtsort. Es steht für gesunde mediterrane Küche, für Ästhetik, Kultur und Design, für eine entspannte Lebensart – und für den Inbegriff von Genuss. Natürlich wissen wir: Auch jenseits der Alpen ist nicht alles Dolce Vita. Aber ein bisschen träumen darf man doch, oder?

Italien 3 x Täglich ist weder ein klassischer Reiseführer noch ein Kochbuch – und enthält trotzdem Rezepte, Geschichten, Ideen und Inspirationen. Sie finden hier Anregungen, wie Sie sich ein Stück italienisches Lebensgefühl in den Alltag holen können – am besten dreimal täglich.

Das Buch gibt Einblicke in die kleinen Eigenheiten und großen Traditionen der italienischen Alltagskultur und des *Dolce Vita*. 21 Kapitel wecken Vorfreude auf den nächsten Italienurlaub, zeigen, wie man das Urlaubsgefühl in den Alltag integrieren kann oder geben Anregungen, um die eigene Wohnung ein Stück italienischer zu gestalten – je nach Ihren Vorlieben für „Balkonien" oder „Flurenz".

Wer sich mit der Alltagskultur eines Landes beschäftigt, sollte auch die Sprichwörter dieses Landes kennenlernen. Sie bieten häufig tiefe Einblicke in die Gedankenwelt und Wertvorstellungen der Menschen. Daher habe ich, wo es thematisch passt, italienische Sprichwörter ergänzt und übersetzt 💬.

Wie bei einer echten Reise bedarf es bei einigen Aktivitäten und Sehenswürdigkeiten einer „Eintrittskarte", andere Anregungen lassen sich ganz ohne zusätzliche Kosten umsetzen. Um Lesern des Taschenbuchs und des E-Books die zahlreichen weiterführenden Verweise gleichermaßen zugänglich zu machen, finden sich bei komplexeren Links auch QR-Codes.

Was mir persönlich viel Freude macht, habe ich mit diesem Symbol 👓 gekennzeichnet.

Ich wünsche Ihnen *vacanze infinite* – also endlose Ferien –, viel Freude beim Schmökern, Experimentieren und Entdecken. Ich freue mich darauf, Ihre Erfahrungsberichte zu lesen und weitere Inspirationen für *Italien 3 x Täglich* von Ihnen zu bekommen – schreiben Sie an Edition.Liguria[at]web.de

Karlsruhe, im Mai 2025   Enrico Palumbo

I Hören Sie Radio

Auf dem Weg ins Büro, zur Uni, zum Sport oder wohin Sie sonst der Wind weht: Hören Sie morgens italienisches Radio – das geht natürlich auch mittags oder abends. Sie können unzählige italienische Radiosender über den Browser hören, und es gibt mehrere Webseiten, die Ihnen einen Überblick über die verfügbaren Sender geben.

Bei *Live Online Radio* können Sie sich Radiosender mit Livestream nach Ländern sortiert anzeigen lassen. https://liveonlineradio.net/

Bei *Phonostar* können Sie zunächst das Musikgenre auswählen, z.B. Pop, Rock oder Country, und dann das Land und die Sprache des Senders. https://www.phonostar.de/

Wenn Sie mit der italienischen Menüführung klar kommen, ist die Seite *Radio Italiane* sehr hilfreich. Die Seite bietet auch Empfehlungen für italienische Podcasts. *https://www.radio-italiane.it/*

Bequemer, vor allem unterwegs, ist es italienische Radiosender zu hören, die eine eigene App anbieten.

Radio Italia, 1982 in Mailand gegründet, spielt nur italienische Popmusik. https://www.radioitalia.it/

Der Privatsender *Radio Deejay* spielt vorwiegend aktuelle italienische und englischsprachige Popmusik. https://www.deejay.it/ Obwohl im Markenkern ein Musiksender, bietet *Radio Deejay* auch Sendungen im Ratgeberformat, z.B. zu den Themen Fitness, Haustiere sowie Talkshows und Sportsendungen.

Triggerwarnung: Wer durch Moderatorenduos in deutschen „Morningshows" überfordert ist, sollte von Radio Deejay Abstand nehmen. Dort hören Sie gleich drei gut gelaunte Moderatoren im Frühprogramm. Das „*Trio Medusa*" sendet montags bis freitags von 7:30 bis 9:00 Uhr.

♪ Ich höre gelegentlich *RAI 1* oder *Radio Onda Ligure*. Letzteres vor allem aus Liebe zur Region Ligurien. https://www.ondaligure.it/ Mein Favorit allerdings ist *Radio Deejay* und hier insbesondere die Sendung *Deejay Chiama Italia* mit dem Moderatorenduo Linus und Nicola Savino. Linus ist eine Radiolegende in Italien. Geboren 1957 als Pasquale Di Molfetta in der Provinz Perugia, hat er seit Ende der 1970er-Jahre in zahlreichen Privatsendern als Moderator gearbeitet und gehörte 1982 zum Gründungsteam von *Radio Deejay*. Seit 1994 ist Linus auch künstlerischer Leiter und hat in dieser Zeit *Radio Deejay* zu einer festen Größe in der italienischen Radiolandschaft entwickelt.

Der Sender hat zahlreiche Persönlichkeiten des italienischen Showbusiness, Fernsehens, der

Musik und des Radios hervorgebracht. In Deutschland ist insbesondere Lorenzo Cherubini bekannt geworden. Er moderierte ab 1985 unter dem Künstlernamen Jovanotti Musiksendungen zu Rap und Hip-Hop. 1988 veröffentlichte Jovanotti sein erstes Album, wurde später MTV-Moderator und hatte seinen internationalen Durchbruch schließlich 1994 mit „*Serenata Rap*".

RAI ist Italiens öffentlich-rechtlicher Rundfunk und bietet über Radio Play Sound Zugang zu 13 Programmen. In der umfangreichen Audiothek von *RAI Play Sound* finden Sie neben Podcasts zu diversen Themen, u.a. Kunst, Religion, Geschichte, Bildung, Wirtschaft, auch Hörbücher in italienischer Sprache. Hier zwei Beispiele:

Podcast Codice Beta *(Thema: Digitalisierung)*

Il nome della rosa von Umberto Eco

II Gehen Sie Spazieren

Wenn Sie in einer Stadt leben, die von der italienischen Renaissance inspiriert wurde, ist die Sache einfach: Schuhe an und raus vor die Tür. In München gehen Sie zur Feldherrnhalle, die Ludwigstraße entlang und zum Max-Joseph-Platz. In Bremen oder Augsburg spazieren Sie zum Rathaus, in Heidelberg besuchen Sie das Schloss. Gibt es in einem Museum in Ihrer Nähe eine Ausstellung, die sich mit der Antike, der italienischen Renaissance, zeitgenössischer Kunst oder Alltagsthemen - z.B. Design - beschäftigt?

Alternativ können Sie auf dem Laufband zu Hause oder im Fitnessstudio einen 4k-Spaziergang durch Bellagio machen oder durch Florenz flanieren, während Sie einen Aperitif auf dem heimischen Sofa trinken.

Was ist 4K? 4K, auch 4K Ultra HD oder UHD genannt, ist ein besonders hochauflösender Standard, bei dem Inhalte mit 3840 × 2160 Bildpunkten dargestellt werden. Das sind viermal mehr Pixel als bei Full-HD – anders gesagt: Das Bild ist gestochen scharf.

Während Sie Lucca, Mailand oder Neapel erkunden, hören Sie die Umgebungsgeräusche so wie sie der Autor des Videos bei der Aufnahme erlebt hat. Dann führt Sie Ihr Smartphone, Tablet,

Laptop oder Ihr internetfähiger Fernseher über einen Wochenmarkt in Palermo, zum *Window Shopping* nach Mailand oder über den Petersplatz in Rom.

Nachstehend finden Sie eine Auswahl schöner 4K-Spaziergänge, die zur nächsten Italienreise inspirieren können.

Capri

Palermo

Rom/ Vatikan

Alternativ können Sie für den nächsten Spaziergang in Ihrer Heimatstadt ein etwas anderes Ziel wählen:

Spazieren Sie zu einem Autohaus und erfreuen Sie sich an *Ape, Fiat 500, Alfa Romeo* & Co. Es muss ja nicht gleich eine Probefahrt sein – obwohl natürlich auch das eine Option ist. Vielleicht steigen schon beim Betrachten der Autos Erinnerungen an den letzten Italienurlaub auf – oder an Zeiten, in denen Sie einen solchen Wagen gefahren haben.

L'automobile è come una donna:
se non la tratti bene, ti lascia per strada.

Das Auto ist wie eine Frau: Wenn du es nicht gut behandelst, lässt es dich auf der Straße stehen.

III Erkunden Sie Rom

Falls Sie denken, 4K-Spaziergänge seien zwar schön, aber für das Laufband völlig ungeeignet, weil das Tempo zu langsam ist, werden Sie sich bei Drive & Listen besser aufgehoben fühlen.

Drive & Listen lädt Sie zu einer virtuellen Rundfahrt oder einem Stadtlauf durch Rom ein.

Dabei können Sie wählen, ob Sie lieber die Umgebungsgeräusche, eine lokale Radiostation, oder eine Mischung aus beidem hören möchten. Die Fahrtgeschwindigkeit können Sie dabei in drei Stufen regeln. https://drivenlisten.com/city/

IV Besuchen Sie einen Großmarkt

In jeder größeren deutschen Stadt gibt es einen Großmarkt mit frischem Obst und Gemüse aus Italien. Auch wenn Sie dort eventuell ohne Gewerbeschein nicht einkaufen dürfen, haben Sie meistens trotzdem Zutritt.

Schlendern Sie durch die Markthalle(n), wo sich je nach Jahreszeit Aprikosen, Pfirsiche, Zitronen, Orangen, Zucchini, Brokkoli, Auberginen sowie Ochsenherzen, Roma- oder Kirschtomaten türmen.

Erfreuen Sie sich an frischem Obst und Gemüse, Fisch, Fleisch und Käse. Lassen Sie sich inspirieren. Was Sie anspricht, kann zu einer Zutat werden. Mehrere Zutaten verdichten sich dann vielleicht zu einer oder mehreren Rezeptideen – und schon schlagen Sie wieder ein Kochbuch auf.

Falls Sie noch kein italienisches Kochbuch besitzen, empfehle ich Ihnen den „Silberlöffel“. Seit 1950, als die erste Ausgabe von *Il Cucchiaio d'Argento* erschien, wird dieser Klassiker regelmäßig überarbeitet und durch modernisierte Rezepte aktualisiert.

Auf über 1.400 Seiten werden über 2.000 Rezepte präsentiert. Viele dieser Rezepte finden Sie auch online unter www.cucchiaio.it – dort stehen die Rezepte zwar nur in italienischer Sprache, aber für eine schnelle und zuverlässige Übersetzung gibt es ja inzwischen viele Anwendungen.

Eine Alternative zum Rundgang über einen Großmarkt ist der Besuch eines italienischen Lebensmittelgeschäfts oder eines lokalen Markts.

●

"Piuttosto che niente, meglio piuttosto."

Besser irgendetwas als gar nichts.

Ich besuche regelmäßig das Großmarktgelände in Karlsruhe. Bei *Sapros* bekomme ich auch ohne Gewerbeschein schon ab fünf Uhr morgens Büffelmozzarella, Ricotta – und Weichspüler (s. Kapitel V).
Im Frühling gibt es dort frische Favebohnen, die hierzulande auch Ackerbohnen heißen. Leider sind sie in Deutschland vor allem unter dem wenig schmeichelhaften Namen Saubohnen bekannt. In den 1990er-Jahren wurden die Fave durch die Roman- und Filmfigur Hannibal Lecter weltweit berüchtigt. Sie schmecken übrigens auch hervorragend mit einem guten Pecorino und einem kräftigen Chianti – ganz ohne Leber eines Meinungsforschers, wie es Lecter im Originalrezept vorschlägt.

V Kaufen Sie Weichspüler

Lassen Sie mich ganz offen sein: Für die folgende Behauptung habe ich keinen empirischen Beweis. Ich stütze mich lediglich auf meine langjährigen Beobachtungen: Deutsche kaufen in italienischen Geschäften fast ausschließlich Lebensmittel und ignorieren zu oft andere aus Italien importierte Produkte.

Während *vino, prosecco, formaggio, prosciutto* und *pasta* Ihre volle Aufmerksamkeit genießen, fristen *ammorbidente* (Weichspüler), *schiuma da barba* (Rasierschaum) und *sapone* (Seife) ein trauriges Schattendasein in den Regalen – kaum je von einer deutschen Hand berührt.

Vor einiger Zeit schickte ich einer italienischstämmigen Bekannten ein Foto von meinem Besuch im italienischen Großmarkt. Zu sehen war ein Regal mit Waschmitteln und Weichspülern der Traditionsmarke *Felce Azzurra*, die wir beide gerne mögen. Ihre Antwort folgte prompt: „Das Paradies existiert!" Dies mag Ihnen übertrieben erscheinen, aber unterschätzen Sie *Felce Azzurra* und die damit verbundenen Emotionen nicht.

Die Marke hat ihren Ursprung in der piemontesischen Stadt Alessandria. Im Jahr 1876 erbte Lodovico Paglieri den kleinen Laden, in dem sein Vater Kosmetika, Perücken und Düfte verkaufte. Bald darauf begann er eigene Parfums, Kosmetika und Cremes unter dem Namen Paglieri zu vertreiben. Ab 1923 nutzte Paglieri den Markennamen *„Felce Azzurra"* – zunächst für ein Eau de Cologne, dann für ein Talkumpuder und schließlich für andere Produkte der Körperpflege und für Waschmittel. Für die einen sind es die speziellen Duftnoten wie zum Beispiel Ambra & Vanille oder Lavendel & Iris, für andere allein das Design und die Schrift der Flasche, die für Wohlbefinden sorgen.

᠙ Ich benutze den Rasierschaum der Traditionsmarke *Proraso* aus Florenz und freue mich immer wieder über den besonderen Duft – eine Mischung aus Eukalyptus und Menthol.

Sie können natürlich auch eine italienische Zahnpasta (*dentifricio*) benutzen. Dadurch werden Sie mehrmals täglich an Italien erinnert.

VI Lesen Sie Ein Buch

&6 **Krimilesern** empfehle ich gerne meinen Roman Tödlicher Spritz, um einige Stunden zumindest gedanklich in Italien zu verbringen. Worum geht es in diesem Krimi?

In den Hügeln und an der Küste Liguriens liegt der Winter in den letzten Zügen. Eben erst hat Giuseppe Caponnetto seinen Dienstausweis für immer abgelegt, da wird er durch seinen Freund *Commissario* Bonfatti schon wieder in einen Mordfall involviert. Eigentlich hat Caponnetto genug damit zu tun, sein Leben neu zu organisieren. Die *Osteria Il Golfo*, deren Verpächter er geworden ist, erfordert seine Aufmerksamkeit ebenso wie Giulia, die attraktive Pächterin der Osteria. Der brutale Mord an einem alten Mann aber lässt ihn nicht los – zumal der Hauptverdächtige ein "wasserdichtes" Alibi hat. Zwischen *Antipasti* und *Primi Piatti* lernt Caponnetto, wie ihm die gesammelte Erfahrung seiner Karriere neue Wege öffnet.

Tödlicher Spritz ist auch als Hörbuch erschienen. Und wer nach der Lektüre gerne noch mehr Zeit mit dem Ex-Carabiniere Caponnetto und seinem Freund Commissario Bonfatti verbringen möchte, kann ohne Unterbrechung weiterlesen.

In *Tödlicher Caffè*, dem zweiten Band der Reihe, alarmiert ein Gefängnisausbruch nicht nur die italienische Polizei in Savona, sondern auch das bayerische Landeskriminalamt.

Wer sich nicht für Krimis und Belletristik im Allgemeinen interessiert, kann sich durch das Lesen von **Biografien** neue Zugänge zu Italien erschließen. Hier einige Titel, die in deutscher Sprache erschienen sind und den Scheinwerfer auf Kultur, Politik, Wirtschaft und Gesellschaft in Italien richten.

Vincenzo Delle Donne: *Agnelli*

Gianni (Giovanni) Agnelli war zu seinen Lebzeiten einer der bekanntesten Italiener außerhalb des Landes. 1966 hatte er die Leitung von FIAT übernommen, den Konzern diversifiziert und zum wichtigsten Industrieunternehmen des Landes entwickelt.
Ende der 1970er Jahre war Agnelli Mitglied des Italienischen Senats. Bis zu seinem Rücktritt von der Leitung des FIAT-Konzerns im Jahr 1996 war sein Einfluss auf Politik und Wirtschaft Italiens so groß, dass er mitunter auch „der wahre König Italiens" genannt wurde.
Das Buch gibt vielfältige Einblicke in die sozialen, politischen und wirtschaftlichen Umbrüche Italiens in den Jahrzehnten zwischen 1930 und 1980.

Vincenzo Delle Donne: *Giovanni Falcone*

Weit über Italien hinaus ist der 1992 ermordete Richter Giovanni Falcone als Antipode zur Mafia bekannt. Durch innovative Fahndungsmethoden hat Falcone nicht nur eine neue Art der Beweisführung etabliert, sondern auch die Verflechtungen der Mafia in der Gesellschaft – auf politischer, wirtschaftlicher und unternehmerischer Ebene – offengelegt.

Die Biografie beschreibt Falcones Wirken als intelligenten und innovativen Ermittler ebenso wie seine Kindheit und Jugend in den Straßen Palermos wo er späteren Mitstreitern bei der Justiz ebenso begegnete wie Mitgliedern der Mafia.

Gianna Nannini: *Ich*

Über 20 Alben hat die Songschreiberin und Rocksängerin veröffentlicht. Viele kennen sie als Sängerin von *Un´estate italiana*, dem offiziellen Lied der Fußball-WM 1990 (zusammen mit Edoardo Bennato).

Wir hören Gianna Nannini singen und denken an die Bilder von Franz Beckenbauer, der alleine – beige Hose, dunkles Sakko, Medaille um den Hals – über den Rasen des Olympiastadions in Rom läuft, während die Spieler nach dem 1:0 gegen Argentinien ihre Ehrenrunde liefen.

In ihrer Autobiografie schreibt Nannini über die frühen rebellischen Jahre, ebenso wie über den durch einen Unfall erzwungenen Studienfachwechsel von Klavier zu Philosophie.

Andrea Pirlo: *Ich denke, also spiele ich*

Der Mittelfeldspieler wurde mit Juventus Turin vier Jahre in Folge italienischer Meister, gewann mit AC Mailand zwei Mal die Champions League und wurde 2006 Weltmeister.
In seinem Buch schreibt er über seine Kindheit in Brescia und erlaubt einen Blick hinter die Kulissen des Profifußballs in Italien.

VII Legen Sie Ein Mosaik

Mosaike waren bereits in der Antike ein beliebtes Gestaltungselement zur Dekoration von Wänden und Fußböden. Zu den bekanntesten Motiven aus dem Römischen Reich gehört der Wachhund, der als Fußbodenmosaik in Pompeji entdeckt wurde – begleitet von der Warnung *Cave Canem* – Hüte dich vor dem Hund!

Ein beliebtes Motiv der römischen Kaiserzeit war auch der Pfau, galt er doch in der frühchristlichen Kirche als Symbol der Auferstehung und des Glücks.

Je nachdem, wie viel Platz Sie haben und wie viel Sie investieren möchten, haben Sie verschiedene Möglichkeiten, Ihrem Heim durch ein Mosaik eine italienische Note zu geben: Sie können ganze Räume mit Mosaiken gestalten.
Die italienische Firma Bisazza hat sich beispielsweise auf die Herstellung von Glasmosaiken für die Dekoration von Interieur und Exterieur spezialisiert. Oder Sie kaufen ein fertiges Mosaik, um zum Beispiel Ihre Küche, eine Außenwand oder Ihre Terrasse zu dekorieren.

Eine schöne Alternative ist, Mosaike selbst zu legen. Im Internet finden Sie eine große Auswahl – von einfachen Bastelsets, die Sie mit Kindern legen können, bis zu anspruchsvollen Bausätzen (Mosaic Kit) für Erwachsene.

Wenn Sie ein Mosaik selbst gestalten möchten, empfehle ich diese Einführung der Referentin für Kulturvermittlung der Städtischen Museen Freiburg. Angelika Zinsmaier erklärt im Video Schritt für Schritt, wie es geht.

VIII Lassen Sie Filme Laufen

Sie räumen ein Zimmer auf, wechseln die Garderobe auf Winter oder Sommer? Sie bügeln oder putzen die Fenster?

Lassen Sie einen Film oder Ihre Lieblingsserie im Hintergrund in italienischer Sprache laufen. Da Sie mit den Kleidern, Steuerunterlagen etc. beschäftigt sind, haben Sie gar keine Möglichkeit, auf die Untertitel zu achten. Das müssen Sie auch nicht. Lassen Sie sich einfach auf die Stimmen und Stimmungen ein.

Wenn Sie kein Abonnement für einen Streamingdienst haben, finden Sie auf YouTube über die Stichwortsuche „*film italiano completo*" ein breites Angebot: sinnfreie italienische Komödien aus den 1980er-Jahren, ebenso wie Krimis, Sportfilme und Romanzen.

Ganz ohne Werbeunterbrechung können Sie auch in Deutschland auf der Webseite von RAI Filme als Audiodeskription (Hörbeschreibung) abspielen. Während das Abspielen von Bildern blockiert wird, ist dieser Audioservice der RAI – der sich ursprünglich vor allem an sehbehinderte und blinde Menschen richtete – auch aus dem Ausland zugänglich. Dabei wird beschrieben, was im Bild zu sehen ist, z.B. Handlungen, Aussehen der Akteure, ihre Körpersprache oder Gesichtszüge, aber auch Kostüme und Schauplätze.

Diese Informationen müssen in die Dialogpausen gesprochen werden und sind daher kurz und klar formuliert.

Natürlich können Sie auch über die Mediatheken deutscher Anbieter, Streamingdienste etc. Filme oder Serien anschauen und sich voll darauf konzentrieren.
Je nach Sprachkenntnis und Angebot können Sie ggf. zwischen verschiedenen Optionen wählen:
- italienische Originalversion (OV) mit deutschen Untertiteln (UT)
- italienische OV mit italienischen UT
- deutsche Fassung mit italienischen UT

Probieren Sie einfach aus, was Ihnen am meisten zusagt. Das kann auch von Film zu Film unterschiedlich sein, z.B. je nachdem, ob viel Dialekt gesprochen wird.

IX *Trinken Sie Espresso*

Reden wir kurz über symbolische Handlungen. Nehmen wir zum Beispiel Tennisspieler. Wenn ein Tennisprofi ein Ersatzhemd aus der Tasche holt, kann es daran liegen, dass er sein nasses Hemd wechseln möchte. Einige Spieler wechseln das Hemd aber auch wenn es mal nicht läuft und sie sich einen kleinen Kick geben möchten – spürbar etwas verändern wollen. Ein frisches Hemd macht sie wach. Es ist wie ein kleiner Neustart. Den gleichen Effekt kann es haben einen Espresso zu trinken, es ist ein Moment „dazwischen", ein Ritual des Übergangs. Aber natürlich nur sofern Sie diesen Moment bewusst wahrnehmen.

Um etwas bewusst wahrzunehmen, braucht man übrigens nicht mehr Zeit, wohl aber die Absicht und die Bereitschaft, sich darauf einzulassen. Nehmen Sie sich also Zeit für einen Espresso und trinken Sie ihn mit der Absicht, ihn zu genießen. Dabei kann schon der Weg zum Espresso ein Teil des Rituals sein.

   Manchmal, wenn ich in Karlsruhe arbeite, gehe ich in der Mittagspause zu Giuseppe Cimino, genannt Pino, ins *Eis Cassata* – allerdings nicht immer, um Eis zu essen. Zwar schmeckt das Eis dort auch sehr gut – Pino kam schon 2017 mit seinen Eiskreationen bis ins Halbfinale der Weltmeisterschaften in Rimini – und überzeugt bis heute mit neuen Ideen, u.a. mit „Ähm !!!", der Eissorte für Unentschlossene. 2025 belegte Pino mit seiner Kreation „Salat-Eis mit Joghurtdressing" den vierten Platz beim Gelato World Cup. Die Eismeisterschaft wird jährlich im Rahmen der SIGEP, der größten Messe für die Eis-, Konditorei- und Bäckereibranche in Europa, ausgetragen.

Meistens gehe ich zu Pino, um einen Espresso zu trinken. Ganz klassisch *al banco,* wie in einer Bar in Italien.

Gute Eisdielen haben in der Regel auch eine ordentliche Espressomaschine. Probieren Sie doch mal bei nächster Gelegenheit den Espresso im Stehen bei Ihrer Eisdiele um die Ecke. Oder Sie trinken zu Hause einen Caffè. Eine günstige Alternative zu einem Kaffeevollautomaten ist dabei eine Moka, in Deutschland meistens Espressokocher genannt.

X Benutzen Sie Eine Moka

Man kann sich über die Unterschiede im Geschmack streiten, wobei ich gleich noch erläutern werde, warum dieser Streit Unsinn ist. Sprechen wir zunächst über die anderen Divergenzen. Neben den deutlich niedrigeren Anschaffungskosten hat eine Moka einen weiteren, sehr wesentlichen Unterschied zu einem Vollautomaten.

Caffè mit einer Moka zuzubereiten ist ein multisensorisches Erlebnis und Sie treten mit den Ur-Elementen in Kontakt – Erde, Luft, Wasser, Feuer und Metall!
Am Anfang steht die haptische Erfahrung, denn Sie drücken nicht einfach nur einige Tasten. Die klassische Moka besteht aus Aluminium. Sie befüllen den Kessel mit Wasser, geben Pulver (wie es duftet!) in den Kaffeetrichter, schrauben die Moka wieder zusammen und setzen sie auf die Herdplatte.

Darauf folgt das akustische, olfaktorische und visuelle Erleben. Zuerst hören sie ein Brodeln – dann wenn das Wasser zischend durch das Kaffeesieb nach oben gedrückt wird – füllt sich das Oberteil. Ihre Nase erfasst den Duft, Ihre Augen sehen den austretenden Dampf. Klimax! Beim Umgießen in die Tasse riechen Sie die Kaffeebohnen zum dritten Mal. Und das alles passiert noch bevor Sie einen Tropfen getrunken haben.

Auch hierzulande symbolisiert das Männchen mit dem Schnurrbart die berühmteste Marke, deren Namen zum Synonym für Espressokocher wurde – Bialetti.

1919, also rund 40 Jahre bevor das Männchen mit Fliege und Hut erstmals den Zeigefinger in die Luft strecken sollte, eröffnete Alfonso Bialetti in einem kleinen Dorf in der piemontesischen Provinz Verbano-Cusio-Ossola, etwa 90 Autominuten von Mailand entfernt, seine Aluminium-Werkstatt.

Bis zur Premiere von Bialettis Moka 1933 wurde Espresso nur in Kaffeehäusern getrunken, wo im traditionellen Verfahren gepresster Wasserdampf von oben durch das Kaffeesieb gepresst wurde. Bialetti drehte das Prinzip um und ließ Wasser aus einer achteckigen Kanne durch ein Sieb mit Kaffeepulver nach oben steigen. Das neue Verfahren und die einfache Kanne aus Aluminium führten schließlich dazu, dass bald in jedem italienischen Haushalt Caffè getrunken werden konnte.

Bialettis Produkt heißt Moka, benannt nach einem der ältesten Umschlagplätze für Kaffee, der Stadt Mokka in Jemen (Al Mukah). Die Flüssigkeit, die aus der Moka kommt hat aber mit einem Mokka nichts zu tun, denn Espresso und Mokka unterscheiden sich sowohl durch das Verfahren als auch durch den Kaffee, der verwendet wird. Mokkabohnen werden intensiver geröstet und noch feiner gemahlen.

Da die Espressokocher von Bialetti ebenso wie alle anderen Marken, die nach dem gleichen Perkolator-Prinzip arbeiten, nur zwischen 1,5 und 2 bar erzeugen, werden damit streng genommen keine Espressi zubereitet.

Für einen Espresso mit reichhaltigem Körper, intensivem Geschmack und schöner Crema braucht es einen deutlich höheren Druck, um Öle und Aromen aus dem Kaffee zu extrahieren. Je nach Sorte und Maschine liegt der Richtwert für eine perfekte Espressoextraktion zwischen 9 und 11 bar. Damit ist auch erklärt, warum eine Moka streng genommen zwar Caffè macht, aber keinen Espresso. Aus diesem Grund ist jeder Vergleich zwischen einem Caffè aus einer Moka und einem Espresso aus einem Vollautomaten unsinnig.

Il caffè deve essere nero come la notte, dolce come l'amore e caldo come l'inferno.

Der Kaffee muss schwarz wie die Nacht,
süß wie die Liebe und heiß wie die Hölle sein.

XI Besuchen Sie Eine Oper

Es gibt verschiedene Optionen, „in die Oper zu gehen" – auch wenn Sie nicht in einer Großstadt leben bzw. nicht vor die Tür gehen möchten.

Die führende Website für kostenloses Opernstreaming ist OperaVision. Gezeigt werden u.a. Aufzeichnungen aus dem *Teatro dell'Opera di Roma*, dem *Teatro Regio di Parma* und der *Opera di Firenze*.

Auch das *Teatro alla Scala* bietet ausgewählte Aufführungen - Oper, Konzerte und Ballett – kostenpflichtig als Live-*on-Demand-Streaming* an (https://lascala.tv/). Die Mailänder Scala folgt damit anderen großen Häusern, die bereits seit Jahren ihre Aufführung als *Streaming* anbieten bzw. diese live über verschiedene Kanäle verbreiten.

An erster Stelle ist die Metropolitan Opera zu nennen. Auch ohne nach New York zu reisen, können Sie die Übertragung einer italienischen Oper live auf der Großleinwand eines Kinos verfolgen.

Alternativ können Sie ausgewählte Aufführungen der Metropolitan Opera über den kostenlosen livestream hören.

Aufzeichnungen italienischer Opern gibt es auch in der Mediathek von 3sat. https://www.3sat.de/kultur

„Chi non ama l'opera, non ama la vita."

Wer die Oper nicht liebt, liebt das Leben nicht.

XII *Spielen Sie Scopa*

Wenn Sie eines der beliebtesten Kartenspiele Italiens kennenlernen wollen, müssen Sie sich auf etwas Neues einlassen. Sagen Sie Adieu zum französischen Blatt, mit Kreuz, Pik, Herz und Karo.

Das italienische Blatt hat die Farben Schwerter, Kelche, Münzen und Stöcke (Spade, Coppe, Denari, Bastoni) und ist übrigens auch in Spanien und Kroatien bekannt. In Italien gibt es zudem viele regionale Varianten der Spielkarten, bei denen die Farben unterschiedlich aussehen – auch wenn es nur Varianten der vier Motive sind. Am häufigsten findet man hierzulande die Sets aus Neapel oder Sizilien.

Zum Einstieg eignet sich das Spiel *Scopa*. Es kann zu zweit, zu dritt und auch zu viert gespielt werden. Die Grundregeln sind leicht zu erlernen, für Fortgeschrittene bietet *Scopa* zugleich eine Menge Spielvarianten, bei denen Erinnerungsvermögen und taktisches Geschick gefragt sind.

Die Spielregeln finden Sie auch in deutscher Sprache ganz einfach im Internet, z.B. bei https://kartenspiel.org/scopa/. Und wenn Sie gerade keinen Spielpartner haben, so können Sie *Scopa* auch online oder mit einer App spielen.

XIII Laden Sie Zum Aperitivo

Über den US-amerikanischen Sänger, Schauspieler und Entertainer Frank Sinatra wird berichtet, dass er auf seinem Anwesen in Kalifornien regelmäßig nachmittags eine Jack-Daniel's-Flagge hisste. Damit signalisierte er seinen Nachbarn in Palm Springs, dass sie auf einen Drink vorbeikommen konnten.

Sinatra verbrachte neun Jahre auf dem Anwesen Twin Palms, dessen Zentrum ein weitläufiges Wohnhaus mit vier Schlafzimmern, sieben Badezimmern und einem klavierförmigen Swimmingpool direkt am Wohnzimmer bildete. Auf dem 4.500 Quadratmeter großen Grundstück ließ Sinatra sogar ein Musikstudio einrichten, in dem er Songs aufnahm. Die Außenansicht des Hauses – mit seinen klaren Linien, glatten Oberflächen und den riesigen Schiebetüren aus Glas – war 1950 im Film *Im Solde des Satans* (*The Damned Don't Cry*) zu sehen und wurde schnell zum Prototyp des Desert-Modernism-Stils im Hollywood der Mitte des 20. Jahrhunderts.

Benannt wurde Twin Palms nach den zwei schlanken Palmen, die gleich neben dem Pool in den strahlend blauen Himmel ragten. Zwischen diesen Palmen hisste Sinatra seine Flagge.
Was verbindet nun Sinatras Flaggenparade zur Cocktailzeit mit dem Aperitivo? Beides sind

Traditionen und Rituale, die den entspannten Übergang vom Alltag in den Abend markieren. Da Frank Sinatra Sohn italo-amerikanischer Eltern war, die beide zu Beginn des 20. Jahrhunderts mit ihren Familien an die Ostküste der Vereinigten Staaten immigrierten, könnte man annehmen, dass ihm die Kultur des Aperitivo gewissermaßen in die Wiege gelegt wurde. Seine Mutter, Natalina „Dolly" Sinatra, stammte aus einem norditalienischen Dorf nahe Genua, sein Vater, Anthony Martin Sinatra, kam aus Palermo, war Profiboxer und arbeitete als Feuerwehrmann und Kneipier.

In Italien hat der Aperitivo eine lange Tradition, die bis ins 19. Jahrhundert zurückreicht. Die Ursprünge liegen in der Entwicklung des Aperitifs als Getränk, das den Appetit anregen soll. Der Aperitivo, wie wir ihn heute kennen, fand seinen Ursprung in Turin, wo Antonio Benedetto Carpano 1786 in einem kleinen Likör- und Weingeschäft den „Carpano Vermouth" erfand. Dieser rote, süßliche Weinlikör – angereichert mit mehr als 30 Kräutern – wurde schnell populär und prägt den Aperitivo auch heute noch als wesentlichen Bestandteil vieler Cocktails. Später folgten Getränke wie Ramazotti (1815), Campari (1860), Averna (1868), Aperol (1919) und Cynar (1952).

Obwohl Ramazotti und Averna ursprünglich als Digestifs galten, werden sie zunehmend auch als

Aperitifs verwendet – insbesondere in kreativen Cocktails oder mit Tonic Water und Eis.

Traditionell beginnt der Aperitivo mit einem alkoholischen Getränk, das den Appetit anregen soll – ganz nach dem lateinischen Wort *aperire* („öffnen"). Zu den Klassikern zählen Aperol Spritz, Negroni oder Campari Soda, die durch ihren bittersüßen Geschmack überzeugen. Auch alkoholfreie Varianten wie Crodino oder Chinotto gehören fest zur Aperitivo-Kultur.

Doch ein Aperitivo wäre nicht komplett ohne kleine Häppchen. Diese *Stuzzichini* reichen von kleinen Cocktailtomaten, Oliven, Nüssen und Chips bis hin zu Bruschette mit Tomaten, Olivenpaste oder anderen Aufstrichen – oder in kleine Stücke geschnittener Focaccia. Eine besondere regionale Variante sind Taralli, kleine knusprige Kringel aus Apulien.

Wer es herzhafter mag, arrangiert Käsestücke (z. B. Parmigiano Reggiano, Pecorino oder Gorgonzola) oder serviert Salumi und Prosciutto. Seit einigen Jahren finden auch Gemüsesticks mit Dips wie Hummus, Joghurt und Kräutercreme ihren Platz im Aperitivo-Angebot – ebenso wie kleine Cocktailtomaten. Diese gehören zwar nicht zu den klassischen Aperitivo-Snacks, stellen jedoch eine frische und oft auch vegane Ergänzung zu den traditionellen *Stuzzichini* dar.

Der Aperitivo lädt dazu ein, den Moment zu genießen – allein, mit der Familie oder mit ein paar Freunden. Es ist eine wunderbare Möglichkeit, innezuhalten, ohne gleich ein ganzes Abendessen organisieren zu müssen, und stattdessen mit minimalem Aufwand für ein paar Stunden ein Stück Italien in den Alltag zu holen.

XIV Mixen Sie Einen Garibaldi

Im 19. Jahrhundert war Italien in mehrere Königreiche und Regionen unterteilt, die größtenteils von ausländischen Mächten kontrolliert wurden. Im Süden herrschten die Bourbonen über das Königreich beider Sizilien, während im Norden und in der Mitte Teile Italiens entweder von den Habsburgern oder vom Kirchenstaat unter der Führung des Papstes besetzt waren.

Giuseppe Garibaldi, geboren 1807 in Nizza, war ein zentraler Akteur in der Befreiung und Einigung Italiens und hat bis heute in Italien Heldenstatus.

💬

"Non sono mica Garibaldi!"

(Ich bin doch nicht Garibaldi!)
Ich bin doch nicht Superman!

Im Mai 1860 segelte Garibaldi mit 1.067 Freiwilligen, die wegen ihrer roten Uniformen „Rothemden" genannt wurden, von Genua aus nach Süden, um Sizilien und Neapel zu erobern. Dieser „Zug der Tausend" (spedizione dei Mille) landete am 11. Mai bei Marsala am Westzipfel Siziliens. Vier Tage später besiegten die Rothemden die Truppen der zahlenmäßig dreifach überlegenen

Neapolitaner bei Calatafimi, einer kleinen Stadt in der Provinz Trapani. Heute erinnern vor allem in Sizilien zahlreiche Straßen, die nach dem 11. bzw. 15. Mai benannt wurden, an diese Ereignisse.

Garibaldi führte seine Rothemden weiter über Palermo nach Messina, wobei sich immer mehr Freiwillige ihnen anschlossen. So konnte er zur entscheidenden Schlacht gegen die bourbonische Armee mehr als 2.500 Mann aufbieten. Die Schlacht fand in der Nähe der Stadt Milazzo auf der Nordostseite Siziliens statt. Obwohl Garibaldi hier erneut zahlenmäßig unterlegen war – auf der Seite der Bourbonen standen mehr als 20.000 Mann –, gelang es ihm, durch geschickte Truppenmanöver die Bourbonen zum Rückzug zu zwingen und so die vollständige Kontrolle über Sizilien zu erlangen. Auch den Eckdaten dieser letzten Schlacht auf Sizilien, die vom 17. bis zum 24. Juli 1860 dauerte und ihren Höhepunkt am 20. Juli hatte, verdanken zahlreiche Straßen und Plätze Italiens ihren Namen.

Dieser Exkurs in die Zeit des *Risorgimento*, der italienischen Einigungsbewegung, ist wichtig, um zu verstehen, warum so viele Reiterstandbilder zu Ehren von Garibaldi errichtet wurden und so viele Plätze und Straßen im ganzen Land nach ihm und den Daten seiner siegreichen Feldzüge benannt wurden.

Die kulturelle Erinnerung, die mit historischen Ereignissen und Persönlichkeiten des Risorgimento verbunden sind, ist tief in der italienischen Gesellschaft verwurzelt und spiegelt sich in vielen Facetten des öffentlichen Lebens wider. Dazu gehört als Teil der Populärkultur auch der Cocktail Garibaldi. Er ist nicht anspruchsvoll in der Zubereitung, bietet ein interessantes Zusammenspiel von Süße und Bitterkeit und eignet sich daher besonders gut als *Aperitivo*.

Für den Cocktail Garibaldi werden nicht einfach nur fünf bis sechs cl *Campari* mit Orangensaft gemischt, wie viele denken. Stattdessen wird der frisch gepresste Saft der Orangen gesiebt und mit einem Pürierstab luftig geschlagen. Erst dann wird der schaumige Saft in ein Highball Glas mit dem Campari gegeben. So kommt der Garibaldi zum typischen rot schimmernden Farbton, dem der Cocktail seinen Namen verdankt.

Wenn Sie etwas Raffinierteres mögen, empfehle ich Ihnen *Italicus*.

XV Probieren Sie Italicus

Der *Italicus Rosolio di Bergamotto* ist ein Aperitif mit einer tief verwurzelten Geschichte und unverwechselbarem Geschmack. Seine Ursprünge reichen zurück ins 19. Jahrhundert, als der *Rosolio*, ein „*Aperitivo di Corte*", am Hof der Savoyer-Könige gereicht wurde. Der Name leitet sich vom lateinischen *ros olis* – „Morgentau" – ab und verweist darauf, dass die Zutaten in den frühen Morgenstunden geerntet wurden, wenn sie ihr volles Aroma entfalten.

2015 wurde der über Jahrzehnte in Vergessenheit geratene Aperitif von Giuseppe Gallo, einem Experten der italienischen Likörtradition, in Zusammenarbeit mit einer traditionsreichen Brennerei wiederbelebt und lässt sich seither auf vielfältige Weise genießen – ob pur, auf Eis, mit *Prosecco* oder als Zutat in einem Cocktail.

Grundlage für den *Italicus* war ein Rezept aus dem Jahr 1850. Das Herzstück des Likörs sind die aus Schalen kalabrischer Bergamotte und sizilianischer Cedro gewonnenen Öle. Ergänzt wird das Geschmacksprofil durch eine sorgfältig ausgewählte Mischung italienischer Botanicals: Kamille aus dem Latium, sowie gelbe Rosenblüten, Enzian, Lavendel und Zitronenmelisse – alle aus Norditalien. Diese Zutaten sorgen für eine harmonische Balance zwischen Frische, Süße und einer feinen Bitterkeit.

Das Flaschendesign ist ebenso detailreich wie der Likör. Die 20 geschliffenen Rundungen der Flasche repräsentieren die Regionen Italiens, während ihre blaue Farbe an die Küsten Amalfis und die *Grotta Azzurra* auf Capri erinnert. Der Verschluss zeigt Bacchus, den römischen Gott des Weins, beim Sammeln der Bergamotten – ein Verweis auf die Verbindung von Natur, Kultur und Likörtradition. Selbst der Rand des Korkens wurde durch die gotische Baukunst inspiriert, die sich in vielen Teilen Italiens wiederfindet.

XVI Werden Sie Barista

Okay, ich gebe zu: Das klingt etwas ambitioniert, aber „Machen Sie einen Baristakurs und lernen Sie, eine Siebträgermaschine zu bedienen, gut gemahlene und geröstete Bohnen zu erkennen und mit dem perfekten Milchschaum hübsche Herzen auf den Espresso zu gießen", war einfach zu lang für die Kapitelüberschrift.

Damit ist auch schon fast alles gesagt. Anbieter für Baristakurse finden sich im Internet, z.B. über https://baristakurs.de/

Einsteigerkurse dauern meistens zwei Stunden, die Preise variieren nach Region, Anbieter und Thema.

Wenn Sie den Unterschied zwischen Einkreiser, Zweikreiser und Dualboiler verstanden haben, können Sie überlegen, ob Sie Teil der Siebträger-Geek Community werden wollen. Vielleicht möchten Sie dann Ihre Erfahrungen mit Kaffeemaschinen und -mühlen in Internetforen einbringen, Testberichte lesen und kommentieren, Fachgeschäfte besuchen und Video-Tutorials ins Netz stellen.
Oder Sie gehen einfach nur auf einen guten Espresso in die Bar (oder Eisdiele) um die Ecke, wenn Ihnen danach ist – ganz so, wie Paolo Conto in seinem Song *Impermeabili* diese italienischste aller Arten, Espresso zu trinken, pointiert beschreibt:

Ich geh´ eben runter,
mir einen Caffè holen.
Entschuldige mich kurz.

Scendo giù
a prendermi un caffè.
Scusami un attimo.

XVII Upcyceln Sie Altes Brot

Oder „Es muss nicht immer Knödel sein."

Altbackenes Brot lässt sich hervorragend upcyceln – zu einer Variante einer sommerlich-knusprigen Spezialität, die in Süditalien als *Friselle* bekannt ist.

Schneiden Sie das Brot in dicke Scheiben und rösten Sie es bei niedriger Temperatur im Ofen (etwa 120–140 °C), bis es vollständig getrocknet und goldbraun ist. Kurz vor dem Servieren tauchen Sie die Scheiben für einige Sekunden in Wasser oder beträufeln sie leicht, damit sie außen knusprig bleiben, innen aber ein wenig weicher werden. Anschließend können Sie die Brotscheiben mit marinierten Tomaten, hochwertigem Olivenöl, etwas Salz und Oregano belegen. Wer es würziger mag, reibt zuvor eine Knoblauchzehe über das Brot und ergänzt den Belag mit Burrata, Sardellen, Kapern oder frischen Kräutern.

Diese einfache und zugleich raffinierte Art der Resteverwertung orientiert sich an den *Friselle*, einer traditionellen Spezialität aus Apulien – dort auch *Freselle* genannt. Dabei handelt es sich um doppelt gebackene Brotringe aus Hartweizengrieß, die vor dem Verzehr ebenfalls in Wasser getaucht und anschließend belegt werden. Ursprünglich waren *Friselle* ein haltbares

Proviantbrot für Fischer und Bauern – einfach, nahrhaft und lange lagerfähig.

Bis heute gelten *Friselle* in Apulien als typisches Sommergericht, das oft mit sonnengereiften Tomaten, frischem Oregano und dem besten Olivenöl der Region serviert wird.

Wenn Sie also beim nächsten Mal Brot übrig haben: Statt es zu verknödeln, holen Sie sich lieber ein Stück mediterraner Tradition auf den Teller.

XVIII Sehen Sie Nach Dem Wetter

Im Wetterbericht für Italien gibt es bei der RAI eine eigene Kategorie für „le isole" – die Inseln. Immer. Neben Nord, Mitte und Süden bekommen Sardinien und Sizilien ihre ganz eigene Vorhersage. Wie cool ist das denn!

Zu den besonders einprägsamen Erinnerungen aus meinen ersten Jahren als aktiver Fernsehzuschauer in Italien gehört, dass die Wettervorhersagen dort von Offizieren der italienischen Luftwaffe (*Aeronautica Militare*) präsentiert wurden. Der Meteorologe – in Uniform, versteht sich – erklärte mit strengem Blick und ausladender Geste, wo es regnet, wo die Sonne scheint und eben auch: wie das Wetter auf den Inseln wird.
Damals fand ich das wahnsinnig elegant. Und irgendwie beruhigend. Es gab diese Selbstverständlichkeit, dass man nicht überall gleichzeitig sein kann – aber überall mitfühlen darf. Heute funktioniert das ganz einfach digital.

Wer sagt denn, dass Ihre Wetter-App nur Bochum, Karlsruhe oder Ingolstadt anzeigen muss?
Fügen Sie doch einfach Rom, Florenz oder Capri hinzu – und holen Sie sich das Urlaubsgefühl direkt aufs Handgelenk oder Display.

26 Grad und Sonne in Florenz?
In Ihrer Straße: 7 Grad und Nieselregen.

Wenn Sie zwei Minuten Zeit haben, stellen Sie sich vor: Was würden Sie heute anziehen, wenn Sie in Florenz wären? Was würden Sie riechen, hören, fühlen?
Vielleicht ist das *Dolce Vita* ja doch näher, als man denkt – manchmal reicht ein Seitenblick in die App, und man ist mit den Gedanken ganz woanders.

Wetter bleibt Wetter – aber wer sagt, dass wir es nicht auch als Einladung begreifen dürfen? Wie heißt doch gleich die Redensart? Es gibt kein schlechtes Wetter – nur den falschen Standort.

XIX Legen Sie Ein Puzzle

Puzzle sind ein einfacher Weg, sich Italien in den Alltag zu holen. Entweder Sie puzzeln selbst, oder Sie schenken Ihren Kindern, Enkelkindern, Nichten oder Neffen ein Puzzle mit einem Italienmotiv.
Neben klassischen Motiven – Amalfiküste, Trevibrunnen, Markusplatz – gibt es auch kreative Formate, u. a. 3D-Puzzle, illustrierte Reisekarten, Stadtpläne sowie Puzzle mit Cocktails wie dem Aperol Spritz. Ambitionierte Puzzler können sich an einem Bildmotiv der Dolomiten versuchen – etwa der Sellagruppe, im Deutschen auch *Sellastock* genannt. Für die 13.200 Teile sollten Sie 70 bis 200 Stunden einplanen, je nachdem, wie erfahren Sie als Puzzlerin oder Puzzler sind.

Bei der Puzzlefactory können Sie kostenlos online puzzeln; die Motive sind zahlreich und in verschiedenen Größen verfügbar: Los geht's bei einfachen Landschaftsmotiven mit 25 Teilen. Wer geübter ist, kann sich an der Kuppel der römischen Barockkirche San Carlo alle Quattro Fontane versuchen – mit 300 Teilen.

Wenn Sie beim Puzzeln in Erinnerungen an Ihren eigenen Italienurlaub schwelgen möchten, können Sie bei verschiedenen Anbietern mit eigenen Fotos Ihr ganz persönliches Italien-Puzzle gestalten. Suchen Sie einfach im Internet nach dem Stichwort Fotopuzzle.

XX *Verfolgen Sie San Remo*

Das Sanremo-Musikfestival, 1951 ins Leben gerufen, ist eines der ältesten und bedeutendsten Musikfestivals der Welt. Es findet jährlich im Februar statt, dauert fünf Tage und ist zu einem festen Bestandteil der Popkultur des Landes geworden.

Der Wettbewerb, der im Teatro Ariston in der Küstenstadt Sanremo stattfindet, hat im Laufe der Jahre zahlreichen Künstlern zum nationalen und internationalen Durchbruch verholfen. Zu den bekanntesten Preisträgern zählen Eros Ramazzotti, Laura Pausini, Andrea Bocelli und – jüngst – die Rockband Måneskin aus Rom, die bei ihrer Teilnahme 2021 den ersten Platz in Sanremo belegte und anschließend den Eurovision Song Contest gewann.

Der Erfolg von Måneskin zeigt, wie das Festival auch jungen Künstlern eine bedeutende internationale Bühne bieten kann. Doch das Festival ist nicht nur eine Plattform für kommende Talente – es hat auch seine Anziehungskraft für die großen Namen der italienischen Musikszene behalten. Von Adriano Celentano über Fabrizio De André bis zu Toto Cutugno und Ricchi e Poveri – sie alle haben ihre Karriere in Sanremo begonnen und ihre Bekanntheit durch den Wettbewerb erheblich gesteigert. Toto Cutugno hat mehr als zehnmal am

Festival teilgenommen. In Deutschland dürfte der Siegertitel des Jahres 1958 zu den beliebtesten gehören: *Nel blu dipinto di blu* von Domenico Modugno – besser bekannt als *Volare*.

Das Festival zieht jährlich Millionen von Zuschauern an: Die italienischen Fernsehsender übertragen Sanremo live, und daneben gibt es zahlreiche Sendungen mit Analysen, Pressekonferenzen, Diskussionen und Kommentaren – ähnlich wie man es von großen Tennisturnieren oder Filmpreisen kennt.

Sanremo bietet eine breite Palette an Musikgenres – von klassischen italienischen Balladen bis hin zu zeitgenössischen Pop- und Rockklängen. Es wird nicht nur als Musikveranstaltung wahrgenommen, sondern auch als kultureller Spiegel der italienischen Gesellschaft, der jedes Jahr gesellschaftliche und politische Themen aufgreift.

Seit über 75 Jahren hat sich das Musikfestival stetig weiterentwickelt und bleibt ein Schmelztiegel für verschiedene Stile, der das breite musikalische Spektrum Italiens widerspiegelt. Wer Sanremo schaut, erlebt Italien in seiner ganzen Vielfalt – eine Mischung aus Tradition und Kitsch, aus Ritual und Innovation, aus Leidenschaft und Spektakel. Vor allem aber bleibt das Festival eine unerschöpfliche Quelle für musikalische Entdeckungen und kulturelle Reflexionen.

Die RAI bietet auch die <u>Aufzeichnungen des Vorjahres</u> zur Ansicht an.

XXI Feiern Sie Ihren Namenstag

Neben ihrem Geburtstag feiern viele Italiener auch ihren *Onomastico*, den Namenstag. Wie auch in anderen südeuropäischen Ländern wurden diese ursprünglich als religiöse Feste begangen, an denen Heilige verehrt wurden.

Mit den gesellschaftlichen Entwicklungen der Moderne hat die religiöse Bedeutung vielerorts abgenommen. Stattdessen stehen heute eher familiäre und kulturelle Traditionen im Vordergrund. Für viele Italiener bleibt der Namenstag dennoch ein wichtiger Bestandteil des Lebens.

Aus eigener Erfahrung kann ich sagen: Die WhatsApp-Gruppe „*I cugini dei Palumbo*", über die ich mit meinen Cousinen und Cousins verbunden bin, verzeichnet an Namenstagen immer besonders viele Nachrichten.

Bevor Sie jedoch Ihren Namenstag feiern können, braucht es unter Umständen ein wenig Spürsinn – und mit etwas Glück lernen Sie dabei gleich auch noch etwas über die Bedeutung Ihres Namens, das Ihnen bislang unbekannt war.

Hier zeige ich die notwendigen Schritte – veranschaulicht am Beispiel meines eigenen Namens.

1. Finden Sie das italienische Pendant Ihres Vornamens.

Hier einige Beispiele gängiger deutscher Vornamen und ihrer italienischen Entsprechung:
Klara – Chiara, Helena – Elena,
Sophia – Sofia, Johannes – Giovanni,
Paul – Paolo, Friedrich – Federico.

Enrico ist das italienische Pendant zu Heinrich. Der Name Heinrich (und damit auch Enrico) stammt aus dem Althochdeutschen und bedeutet: *heim* = Heimat, Haus und *rihhi* = mächtig, Herrscher.
Die sinngemäße Bedeutung lautet also: „Der Herrscher der Heimat" oder „mächtig in der Heimat" – ein klassischer Königsname, getragen unter anderem von Heinrich II., dem ersten deutschen Kaiser des Heiligen Römischen Reiches Deutscher Nation, der später heiliggesprochen wurde.

2. Finden Sie den Heiligen im liturgischen Kalender.

Das klingt einfacher, als es ist – denn nicht selten gibt es mehrere Heilige mit demselben Namen. Wer Johannes oder Thomas heißt, hat gleich mehrere Möglichkeiten. Selbst wenn man sich für „seinen" Heiligen entschieden hat, braucht es nochmals etwas Spürsinn. Denn neben dem jährlich erscheinenden liturgischen Kalender der römischkatholischen Kirche (*Direktorium*) gibt es z. B. auch den Regionalkalender für den deutschen Sprachraum. Und nicht zuletzt hat die katholische Kirche im Zuge der Liturgiereform in den 1970er-Jahren einige Heiligenfeste auf andere Daten gelegt. Deshalb ist es heute durchaus üblich, dass Menschen mit demselben Vornamen ihren Namenstag an unterschiedlichen Tagen feiern – je nach Region und Tradition.

In Italien wird der Namenstag des heiligen Enrico II. (Heinrich II.) offiziell an seinem Todestag, dem 13. Juli, gefeiert. In manchen Regionen fällt die Feier jedoch auf den 15. Juli, um mit lokalen Festen oder liturgischen Abläufen besser abgestimmt zu sein. Heinrich II. gilt als Schutzpatron der Kinderlosen, der Herzöge, der Behinderten und der von Ordensleuten Ausgestoßenen.

Weitere Namenstage für Heinrich (bzw. Enrico) sind:

- 23. Januar – Heinrich Seuse, Mystiker aus Konstanz
- 10. Juni – Heinrich von Bozen
- 5. August – Henryk/Heinrich aus Warschau

Sie sehen: Ich hätte gleich mehrere Möglichkeiten zur Auswahl!

3. Lassen Sie sich feiern.

Informieren Sie Ihre Freunde, laden Sie zu einem kleinen Umtrunk ein. Auch wenn Ihre deutschen Freundinnen und Freunde im ersten Jahr vielleicht noch nicht auf die Idee kommen, Ihnen zu gratulieren – gut Ding will Weile haben. Letztlich geht es um Ihr Lebensgefühl, nicht um das der anderen.

Und wenn Sie bei den einschlägigen Quellen keinen Namenstag für sich finden? Dann erfinden Sie eben einen.
Oder: Sie beginnen damit, den Namenstag Ihrer Freunde nachzuschlagen – und ihnen zu gratulieren. Vielleicht wird daraus bald eine schöne kleine Tradition.

Nessun santo senza festa.

Kein Heiliger ohne Fest.

Nachwort

Vielleicht haben Sie beim Lesen genickt, geschmunzelt oder sich gedacht: „Das probiere ich mal aus." Genau darum geht es.
Die 21 Kapitel verstehen sich als Einladung – nicht als Checkliste. Die Tipps darin sind einfach, alltagstauglich und bereit, entdeckt zu werden. Und das Beste: Mit den Ideen aus diesen 21 Kapiteln gibt es 1.330 verschiedene Kombinationen, Italien „drei Mal täglich" auf ganz neue Weise zu erleben.

Nehmen Sie mit, was zu Ihnen passt. Spielen Sie damit – mal ernsthaft, mal mit einem Augenzwinkern. Und lassen Sie ruhig auch mal etwas liegen – Sie können jederzeit wieder aufgreifen, was Ihnen guttut.

Veränderung beginnt oft im Kleinen: ein neuer Blickwinkel, eine andere Frage, ein freundlicher Gedanke. Und manchmal genügt schon ein erster Schritt, um etwas in Bewegung zu bringen.

Ich wünsche Ihnen Neugier, Freude und Leichtigkeit beim Ausprobieren. Und wenn mal etwas anders läuft als gedacht, dann denken Sie an Pisa: Dort ist Schieflage Kult!